КОШКИ

В КОМИКСАХ

Сценарий

КАЗНОВ & ФЛОРА

Рисунок & цвет

СТЕФАН ЭСКАПА

ПЕШКОМ В ИСТОРИЮ | МОСКВА

*ОгроМЯУное спасибо Кристофу и Флоре за доверие и приветливость.
Оливье, Олив и команде «Бамбу» за их усилия и терпение.
Джонатану за советы и открытость, чмок-чмок.
Моей преподавательнице философии. Моему коту Люлю.
Моей принцессе и моим двум грелочкам.
И, конечно же, вам, держащим в руках эту книгу.*

Стефан Эскапа

Трём моим любимым кошачьим, Бамбу, Эми и Пенни, которые никогда не прочтут этот комикс, ведь кошки, как известно, себе на уме!

Кристоф Казнов

О, НЕТ! ТОЛЬКО НЕ РЯДОМ СО СТИРАЛЬНОЙ МАШИНОЙ!
ПОВЕРЬ, МАЛЫШ, ВЫБОР МЕСТА ДЛЯ ЛОТКА — ЭТО НЕ ПОД КУСТИК СХОДИТЬ!
ОБРАЗНО ГОВОРЯ...
ХУЖЕ МЕСТА И НЕ НАЙТИ!
МАШИНА АДСКИ ШУМИТ!
И ГЛАВНОЕ, ДВЕРЬ В ВАННУЮ ЛИШЬ ОДНА, НАМ ЭТОГО МАЛО!
НО ИДЕАЛЬНОЕ МЕСТО ЕСТЬ!.. ГОСТИНАЯ!
ЗДЕСЬ ПРОСТОРНО, СВЕТЛО, ТИХО, ЕСТЬ ГДЕ ПОРЕЗВИТЬСЯ!
ИДЕАЛ!
ЛЮДИ ВСЁ ДЕЛАЮТ НЕПРАВИЛЬНО... ДАЖЕ САМЫЕ ПРОСТЫЕ ВЕЩИ!
СЛЕДУЮЩИЙ СОВЕТ!
ОПЯТЬ ПРО ТУАЛЕТНЫЙ ЛОТОК?
НЕТ!
НО НЕ МЕНЕЕ ВАЖНЫЙ!
ВЫБОР ТЕЛЕПРОГРАММЫ! ИЗ ВАННОЙ ПУЛЬТ НЕ БЕРЁТ!
ЗАП ЗАП

А ЗАЧЕМ ТЫ ИДЁШЬ В ДОМ? ХОЧЕШЬ ПОДАРИТЬ ЭТУ МЫШЬ НАШИМ ЛЮДЯМ?!
ПОДАРИТЬ? ВОТ ЕЩЁ!
ИЛИ ТЫ ХОЧЕШЬ ИМ ПОКАЗАТЬ, ЧТО ЗАСЛУЖИВАЕШЬ НАГРАДЫ ЗА ТО, ЧТО ИЗБАВИЛА ЖИЛИЩЕ ОТ ГРЫЗУНОВ?
НАГРАДУ? НЕ В ЭТОМ ДОМЕ!
ТАК ЧТО ЖЕ ТЫ СОБИРАЕШЬСЯ ДЕЛАТЬ С МЫШЬЮ? ПРИПРЯТАТЬ В УКРОМНОМ УГОЛКЕ?
ФУ! НЕТ, КОНЕЧНО, Я НЕ ЛЮБЛЮ ГРЫЗУНОВ!
БРИСТОЛЬ, ДОРОГУША, ТЕБЕ МОЖЕТ ПОКАЗАТЬСЯ, ЧТО МЫШЬ — ЭТО ПУСТЯКИ, МЕЛОЧЬ...
...НО ПО ТЕКУЩЕМУ КУРСУ ОНА ВПОЛНЕ СТОИТ КУСКА ЖАРЕНОЙ СВИНИНЫ!
БУДУ ЗНАТЬ! СПАСИБО, ЮЗУ!
ПРОБЛЕМА ЛИШЬ В ТОМ...
ГРРГРРАААААА
ДАДАШОЖЖЖТААА...
...ЧТО ЛЮДИ НЕ СЛЕДЯТ ЗА ОБМЕННЫМ КУРСОМ МЫШЕЙ!

МРР МРР
НУ, КАК МУРЧАНИЕ? ПРОДВИГАЕТСЯ?
МРР
Я СТАРАЮСЬ, МЕРЛИН!
МРР
НЕДОСТАТОЧНО!
ПРИЛОЖИ УСИЛИЕ И ВЫДАЙ МНЕ НАСТОЯЩИЙ «МР-Р-Р-Р»!
ЭТО НАСТОЛЬКО ВАЖНО?
РАЗУМЕЕТСЯ! МЫ, КОТЫ, МУРЧИМ НЕ ТОЛЬКО ПОТОМУ, ЧТО НАМ ХОРОШО...
ТАК МЫ СНИМАЕМ СТРЕСС ИЛИ УСПОКАИВАЕМ БОЛЬ...
НО САМОЕ ГЛАВНОЕ, МУРЧАНИЕ БЕЗОТКАЗНО ДЕЙСТВУЕТ НА ЛЮДЕЙ!
ПОСЛОВИЦУ СЛЫШАЛ? «ОДНО «МР-Р-Р» ЛУЧШЕ ДВУХ ЦАРАПИН НА ПОДБОРОДКЕ!»
СТОИТ КОТУ РАСТЯНУТЬСЯ У СВОЕГО ЧЕЛОВЕКА НА КОЛЕНЯХ И ПОМУРЧАТЬ, КАК ЧЕЛОВЕК СРАЗУ ТАЕТ.
ХРР ХРР ХРР ХРР ХРР ХРР ХРР ХРР
МУРЧАНИЕ НА НИЗКИХ ЧАСТОТАХ ПРИВОДИТ К ВЫРАБОТКЕ СЕРОТОНИНА.
ГОРМОНА СЧАСТЬЯ, СЛЫХАЛ?
МУРЧАНИЕ — ЭТО ПОЛНЫЙ РЕЛАКС, ПОНЯТНО?
УВЕРЕН?
...КОГДА НАШ МУРЧИТ ВО СНЕ, ЭТО КАТАСТРОФА, А НЕ РЕЛАКС!
ПРОСТО У ЛЮДЕЙ ЧАСТОТЫ НЕ ТЕ, ВОТ И ВСЁ!
ХРР ХРР ХРР ХРР ХРР ХРР

ХММ...ТЫ ПЫТАЕШЬСЯ МНЕ ЧТО-ТО СКАЗАТЬ... НЕ ТАК ЛИ?
ХРУСТЯШКИ!!! НАШ КОРМ! ОН ИСЧЕЗ!
КОШМАР! ДАЖЕ МИСОЧЕК БОЛЬШЕ НЕТ!
НЕ ВОЛНУЙСЯ, БРИСТОЛЬ!
НАШИ ЛЮДИ НАРОЧНО ИХ ПРЯЧУТ, ЧТОБЫ СТИМУЛИРОВАТЬ У НАС ИНСТИНКТ ОХОТНИКА...
ОХОТНИКА НА ХРУСТЯШКИ?
О, ДА! ЗРАЧКИ РАСШИРЕНЫ, НОЗДРИ РАЗДУТЫ! ОХОТА НАЧИНАЕТСЯ!
ЕСЛИ ТЫ ВСЕГДА ЗНАЕШЬ, ГДЕ ТВОЯ МИСКА, СТАНОВИТСЯ СКУЧНО... БУМ! — И ТЫ ПЕРЕЕЛ...
А ЭТО ВРЕДНО ДЛЯ ФИГУРЫ...
КОРОЧЕ, ОДНА МИСКА ПОД КРОВАТЬЮ, ДРУГАЯ — ЗА КОРЗИНОЙ ДЛЯ БЕЛЬЯ...
УХ ТЫ!
БЛЕСК!
ЕЩЁ НА ПОЛКЕ С КОМИКСАМИ И ЗА МУСОРНОЙ КОРЗИНОЙ...
...ЧТО, И НЕ ПОЕШЬ?
ЕСТЬ ИДЕЯ! МЫ СДЕЛАЕМ ТАК ЖЕ! БУДЕМ ДЕРЖАТЬ ИХ В ФОРМЕ!
ОП-ЛЯ! ХЛЕБ — ЗА КРЕСЛО, ЛУК — ПОД ПОДУШКИ...
А ЧИПСЫ? ГДЕ БЫ ИХ СПРЯТАТЬ?

В 3D?!!
?!
КОНЕЧНО, БРИСТОЛЬ! МЫ, КОШКИ, ЖИВЁМ В ТРЁХ ИЗМЕРЕНИЯХ!
НАМ НУЖНО ЗАБРАТЬСЯ ПОВЫШЕ, ЧТОБЫ ЧУВСТВОВАТЬ СЕБЯ В БЕЗО-ПАСНОСТИ!
ВНИЗУ СКУЧНО!
ТАК МЫ ВИДИМ ВСЁ, А НАС САМИХ НЕ ВИДНО...
МЫ — НЕВИДИМКИ В ЗАСАДЕ, ГРОЗНЫЕ ОХОТНИКИ!
ГЛЯДИ, КАК МЫ ЛЕГКО ПОКОРЯЕМ ТРЁХМЕРНЫЙ МИР!
НО ПРЫ-ГАТЬ, ЛАЗАТЬ, КАРАБКАТЬСЯ ОЧЕНЬ УЖ УТО-МИТЕЛЬНО...
ХРРЗЗ
МРР
МОЁ ЛИЧНОЕ 3D КУДА СПОКОЙНЕЕ... КРАСОТА!
???

Запомни, Бристоль...
День кошки отлажен, словно заводная мышь.
С точностью до минуты...
Сначала сон! 18 часов в день! Разумеется, порциями!
ШМЯК!
Ещё 2 часа на уход... Тут главное, ничего не упустить!
СЛЮП!
Поиск еды! Тоже целое дело!
Рассчитывай часа на 4 в день!
И-И-И!
Мониторинг окрестностей, обход периметра, апгрейд каталога запахов с целью локализации чужаков...
Как видишь, скучать не приходится...
А также лакомства, игры, почёсывания... плюс 4 часа!
Ты кое-что забыла, Юзу!
Да? И что?
Математику!
День, который ты описала, длится 28 часов!

БРИСТОЛЬ... МОЖНО ТЕБЯ НА ПАРУ СЕКУНД?
АГА!
НУ, ЧТО СКАЖЕШЬ?
СКАЖУ, ЧТО НЕКРАСИВО ЗАМАНИВАТЬ МЕНЯ НА КУХНЮ, КОГДА МИСКИ ПУСТЫ...
В ЯБЛОЧКО! МЫ, КОШКИ, — КОРОЛИ ПЕРЕКУСА,
ОБОЖАЕМ ВСЁ ВРЕМЯ ЧТО-НИБУДЬ ГРЫЗТЬ!
А, И ТЫ ТОЖЕ?
САМО СОБОЙ!
ДЕНЬ НАПРОЛЁТ МЫ ЧТО-ТО ПЕРЕХВАТЫВАЕМ! В ПРИРОДЕ ЭТО БЫВАЕТ ТАК: ЯЩЕРКА ЗДЕСЬ, ВОРОБЫШЕК ТАМ...
А ДОМА НАМ НУЖНА КУЧА МИСОК! КАЖДОМУ!
ЗДОР-Р-Р-РОВО...
А ТЕПЕРЬ ВОПРОС: ЧТО ДЕЛАТЬ, ЕСЛИ ЭТОГО НЕТ?
ДАЖЕ НЕ ЗНАЮ... ХММ... ПОГОДИ...
ТЭКС...
ЭММ...
ЗНАЮ!
МЫ БУДЕМ ЗВЕРСКИ МЯУКАТЬ В УШИ НАШЕМУ ЧЕЛОВЕКУ, ПОКА ОН НЕ ВЫНЕТ ПАКЕТ ИЗ ШКАФА...
...ОТКРОЕТ ПАЧКУ И НАСЫПЛЕТ...
ШРРРРХХХ
А ВООБЩЕ-ТО МЫ И САМИ С УСАМИ!
БИНГО!

ПФФ! НУ И ВИДОК!
МАЛЫШ, ВОТ ТЕБЕ ЕЩЁ ОДНО ДОКАЗАТЕЛЬСТВО ПРЕВОСХОДСТВА КОШЕК НАД СОБАКАМИ!
УХОД ЗА ШЁРСТКОЙ?
...АГА! МЫ — ЖИВОТНЫЕ САМООЧИЩАЮЩИЕСЯ, ЕСЛИ ТЫ ПОНИМАЕШЬ, О ЧЁМ Я! НАС НЕ НАДО ТАЩИТЬ В ГРУМИНГ-САЛОН, КАК ЭТИХ ГРЯЗНУЛЬ СОБАК!
ДА... ВЫГЛЯДИТ ОЧЕНЬ СТРАННО, СКАЖИ?
У НАС НА ЯЗЫКЕ ЕСТЬ МАЛЕНЬКИЕ КРЮЧОЧКИ, КОТОРЫЕ УДАЛЯЮТ ОТМЕРШИЕ ВОЛОСЫ, НЕПРИЯТНЫЕ ЗАПАХИ... ДА ВСЁ ЧТО УГОДНО! ЧУДО, А НЕ КРЮЧОЧКИ!
Я ТОЖЕ ИХ ЧУВСТВУЮ!
О НАС ДАЖЕ ГОВОРЯТ, ЧТО МЫ ПОМЕШАНЫ НА ЧИСТОТЕ, ВЕДЬ МЫ УМЫВАЕМСЯ БОЛЬШУЮ ЧАСТЬ ДНЯ!.. И ПОМОЩЬ В ЭТОМ НАМ НЕ НУЖНА, МЫ И САМИ СПРАВЛЯЕМСЯ.
ВООБЩЕ-ТО... ЗНАЕШЬ, МЕРЛИН, СЕГОДНЯ УТРОМ МНЕ ПОКАЗАЛОСЬ, ЧТО НАШ ЧЕЛОВЕК ИСКАЛ ТЕБЯ, ЧТОБЫ ВЫКУПАТЬ!
ВСЁ ВЕРНО, МАЛЫШ, ВСЁ ВЕРНО...
...И ЭТО ЕЩЁ ОДНО ДОКАЗАТЕЛЬСТВО ПРЕВОСХОДСТВА КОШЕК НАД ЛЮДЬМИ!
ПФФ! НУ И ВИДОК!

Я ЗНАЮ ЭТОТ ВЗГЛЯД... У ТЕБЯ СОЗРЕЛ БОЛЬШОЙ ЭКЗИСТЕНЦИАЛЬНЫЙ ВОПРОС, ДА?
НУ... Я ПЫТАЮСЬ ПОНЯТЬ, ПОЧЕМУ Я ЗДЕСЬ!
О-О, МАЛЫШ, ТЕМА НЕОБЪЯТНАЯ!
ОДОМАШНИВАНИЕ КОШКИ НАЧАЛОСЬ В ТУ ДАЛЁКУЮ ПОРУ, КОГДА ЛЮДИ ПЕРЕШЛИ К ОСЕДЛОМУ ОБРАЗУ ЖИЗНИ И НАЧАЛИ ОБРАБАТЫВАТЬ ЗЕМЛЮ!
ОНИ СТАЛИ ЗАПАСАТЬ ЗЕРНО, ЧТО, ЕСТЕСТВЕННО, СРАЗУ ПРИВЛЕКЛО ГРЫЗУНОВ... И ТУТ ПОЯВИЛИСЬ МЫ!
ХРР ХРР ХРР
ИЗНАЧАЛЬНО ЛЮДИ ОДОМАШНИЛИ КОШЕК, ЧТОБЫ ТЕ ОТГОНЯЛИ МЫШЕЙ...
ТАМ! ХВАТАЙ!
...НО ПОТОМ ОНИ УЖЕ НЕ МОГЛИ БЕЗ НАС ОБОЙТИСЬ!
НУ ЖЕ, ХВАТАЙ!
АГА, ЩАС...
ДА, МАЛЫШ, НАС С ЛЮДЬМИ СВЯЗЫВАЕТ ДОЛГАЯ ИСТОРИЯ!
ДА НЕТ... ПРОСТО Я ВСЁ УТРО ИГРАЛ В САДУ С ЯЩЕРИЦЕЙ, А ПОТОМ ЗАЧЕМ-ТО ВЕРНУЛСЯ В ДОМ... НО СОВЕРШЕННО ЗАБЫЛ ЗАЧЕМ! ВОТ Я И ДУМАЮ: ПОЧЕМУ Я ЗДЕСЬ?

СКАЖИ, ЮЗУ, МОЖНО ЛИ СКРЕС-ТИТЬ ДОМАШНЮЮ КОШКУ С ДИКИМ ЗВЕРЕМ?
ДА... В ПРИРОДЕ ТАКОГО НЕ ПРОИСХО-ДИТ, НО ЛЮДИ ЗАБАВЫ РАДИ ПРОВЕЛИ РЯД ЭКСПЕРИМЕНТОВ.
БЕНГАЛЬСКАЯ КОШКА, НАПРИМЕР, ЭТО ПОМЕСЬ ДО-МАШНЕЙ КОШКИ И БЕНГАЛЬСКОЙ ЛЕОПАРДОВОЙ КОШКИ!
БЕНГАЛЬСКАЯ ПОРОДА
– Рис. I –
Овальная голова
Леопардовый окрас
Атлетичное тело
ТОЛЬКО НУЖНО БЫТЬ ОСТОРОЖНЫМ, РЕАКЦИЯ У НИХ БУДЬ ЗДОРОВ!
А ЕЩЁ ЕСТЬ САВАННА, ПОМЕСЬ ДОМАШНЕЙ КОШКИ И СЕРВАЛА...
САВАННА
– Рис. I –
Крепкий короткий хвост
Голова треугольной формы
Длинная мускулистая шея
ЭТО НЕУТОМИМЫЙ СПОРТСМЕН!
УФ...
МФФ...
ФФУХ..
НЕТ, Я ИМЕЛ В ВИДУ КОШКУ, КОТОРУЮ СКРЕС-ТИЛИ С КЕНГУРУ ИЛИ, ТАМ, С ГА-ЗЕЛЬЮ...
ХММ... НЕТ, ТАКОГО НЕ ПРИПОМ-НЮ...
А! ЗНАЧИТ, НАШ МЕРЛИН ПРОСТО ОЧЕНЬ ПРОГОЛО-ДАЛСЯ...

ПОВЕРЬ МНЕ, БРИСТОЛЬ, ХАРАКТЕР КОТА С ЦВЕТОМ ШЕРСТИ НИКАК НЕ СВЯЗАН!
С ТОЧКИ ЗРЕНИЯ ГЕНЕТИКИ ЭТО СОВЕРШЕННО РАЗНЫЕ ВЕЩИ! КОТ МОЖЕТ БЫТЬ СПОКОЙНЫМ ИЛИ РАЗДРАЖИТЕЛЬНЫМ НЕЗАВИСИМО ОТ ОКРАСА!
СКРЯБ
СКРЯБ
ТАК ОТ ЧЕГО ЖЕ ЗАВИСИТ ЕГО ХАРАКТЕР?
ОТ ЦЕЛОЙ КУЧИ ДРУГИХ ВЕЩЕЙ! ОТ ПОРОДЫ, ОТ ГЕНОВ, ПЕРЕДАННЫХ РОДИТЕЛЯМИ, ОТ ВОСПИТАНИЯ, ОТ ТОГО, ЧТО ВЫ ПЕРЕЖИЛИ В ПЕРВЫЕ ТРИ МЕСЯЦА ЖИЗНИ...
...ОТ ЛИЧНОГО ОПЫТА, ОТ ВСТРЕЧ, ОТ ТОГО, КТО ТЕБЯ ОКРУЖАЕТ! НАПРИМЕР, ЕСЛИ ТЫ ДЕЛИШЬ ДОМ С РОТВЕЙЛЕРАМИ, НАВЕРНЯКА ТЫ СТАНЕШЬ БОЛЕЕ НАПРЯЖЁННЫМ, ЧЕМ БУДЬ У ТЕБЯ СОБСТВЕННОЕ ПРОСТРАНСТВО!
ОСТАВЬ МЕНЯ В ПОКОЕ! Я ТЕБЕ СТО РАЗ ГОВОРИЛ: НЕ ПРИСТАВАЙ!!!
А ТЕПЕРЬ РАССКАЖИ ЭТО МЕРЛИНУ! ДУМАЮ, ОН ОТВЕРГАЕТ УХАЖИВАНИЯ СОСЕДСКОЙ КОШКИ ПОТОМУ, ЧТО У НЕЁ СОБАЧИЙ ОКРАС, ТАКОЙ ЖЕ, КАК У ТЕБЯ!
Я НЕ УДИВЛЁН...
...ВСЕ ЧЁРНО-БЕЛЫЕ КОТЫ — ДУРАКИ!

УХ ТЫ! ШВЕДСКИЙ СТОЛ БЕЗ ОГРАНИЧЕНИЙ! С ЧЕГО БЫ?
А, ЭТО? ПУСТЯКИ, ПРОСТО НАШИ ЛЮДИ УСТАЛИ ОТ ТОГО, ЧТО МЫ БУДИМ ИХ ПО НОЧАМ.
ВОТ И ПОЛОЖИЛИ ПОБОЛЬШЕ!
СМОТРИ, ОНИ НАЛИЛИ СВЕЖУЮ ВОДУ.
И ДАЖЕ ПОЧИСТИЛИ ВСЕ ЛОТКИ.
А ЧТОБЫ НАМ НЕ БЫЛО СКУЧНО, В КАЖДОМ УГЛУ ОСТАВИЛИ ИГРУШКИ.
ПОЖАЛУЙ, И В САМОМ ДЕЛЕ НЕТ СМЫСЛА ИХ БУДИТЬ!
УР-Р-РА! СУПЕР!
ПОГНАЛИ! БУДЕМ БЕСИТЬСЯ ВСЮ НОЧЬ!
МЯУУУ!
МЯУ!
ЧПОК
ТАГАДА-ТАГАДА-ТАГАДА
ТАГАДА-ТАГАДА-ТАГАДА
СЛЯП
СЛЮП
ЖОРК
БУММ!
ХЛЮП
ХРУМ!
ХРУМ!
ХЛЯП
НЯМ!
ХРУМ!
АДАТАГАДА
МЯАААУУ!
ТАГАДА-ТАГАДА-ТАГАДА

ВОТ МАЛЫШ И ПОДРОС! ОН ПРЕКРАСНО УСВОИЛ ТОНКОСТИ ОХОТЫ.
БАЦ!
БАЦ!
БАХ!
...НИЧЕГО НЕ ПОНИМАЮ... ТЫ ЖЕ ГОВОРИЛ, Я ПРИРОЖДЁННЫЙ ОХОТНИК!
НУ, ЕСЛИ НЕ ПРИРОЖДЕННЫЙ, ТО РЕДКИЙ... В СМЫСЛЕ, РЕДКО КТО ПОЛУЧАЕТ ВЗБУЧКУ ОТ ВОРОБЬЯ!

Я ВСЕГДА СЧИТАЛ, ЧТО МЫ, КОШКИ, ОДИНОЧНЫЕ ЖИВОТНЫЕ... А ТЕПЕРЬ ВЗГЛЯНИ НА ЭТИХ ТРОИХ!
М-М-М... ПРОСТО ОНИ ОДИНОЧНЫЕ, НО ВТРОЁМ!
ХРР
ХРРО
ХРР
ХРР
ХРРО
ХРР
ХРР
ХРРО
ХРР

ПРИВЕТ! ТЫ ЧТО ТАКОЙ СЕРДИТЫЙ, МАЛЫШ!
?
НО Я ВОВСЕ НЕ СЕРЖУСЬ, МЕРЛИН!
НАОБОРОТ, У МЕНЯ ОТЛИЧНОЕ НАСТРОЕНИЕ!
А ПОЧЕМУ ЖЕ ТЫ ВИЛЯЕШЬ ХВОСТОМ?
ПОТОМУ ЧТО МНЕ ХОРОШО!
ЧТО ТЫ ГОВОРИШЬ?
ДА! КОГДА СОСЕДСКАЯ СОБАКА ДОВОЛЬНА, ОНА ВИЛЯЕТ ХВОСТОМ...
ВОТ И Я НАЧАЛ!
ПРЕКРАТИ НЕМЕДЛЕННО!
НИКОГДА НЕ КОПИРУЙ СОБАК! МЫ, КОТЫ, ВИЛЯЕМ ХВОСТОМ, КОГДА НАСТРОЕНЫ ДРАТЬСЯ И... УБИВАТЬ!!!
ТЫ... ТЫ ВООБЩЕ МЕНЯ СЛУШАЕШЬ?
ПОТОМ! Я ДОЛЖЕН УСПЕТЬ СПАСТИ ЖИЗНЬ!
ПРИВЕТ, ДРУЗЬЯ!
ФШ-Ш-Ш
ГР-Р-Р
ФШ-Ш-Ш

ЗАПОМИНАЙ, МАЛЫШ, ЕСТЬ ПЯТЬ ГЛАВНЫХ ПРИНЦИПОВ КОММУНИКАЦИИ!
ПФФ! ВСЕГО-ТО?
1 — ЗАПАХ! ОСТАВЛЯЯ ФЕРОМОНЫ, МЫ ОБМЕНИВАЕМСЯ ПОСЛАНИЯМИ С КОТАМИ-КОЛЛЕГАМИ!
ЭТО Я ЛЮБЛЮ. НО ТУТ ВАЖНО НЕ ОБОДРАТЬСЯ!
МИНУС В ТОМ, ЧТО НАША ДОБЫЧА НАУЧИЛАСЬ РАСПОЗНАВАТЬ ЭТИ ЗАПАХИ И ВОВРЕМЯ ИСЧЕЗАТЬ! ЭТО ЧЕСТНЫЙ ПОЕДИНОК!
2 — ЗРЕНИЕ! МОЖНО ОСТАВИТЬ СЛЕД — НАПРИМЕР, КОГТЯМИ ИЛИ МОЧОЙ!
О ДА! И РАССЛАБИТЬСЯ ЗАОДНО!
ШКРЯБ
ШКР-Р-Р-РЯБ
3 — ЗВУК! МЫ МЯУКАЕМ, ФЫРКАЕМ, РЫЧИМ... ЭТО РАБОТАЕТ С КОШКАМИ... И ВООБЩЕ СО ВСЕМИ, У КОГО В УШАХ НЕТ БАНАНОВ!
МЯААУ
МЯААААА
МРРРР
И НАКОНЕЦ: 4 — ЯЗЫК ТЕЛА! ПОЛОЖЕНИЕ УШЕЙ, УСОВ, ХВОСТА, ФОРМА ЗРАЧКОВ...
ОЧЕНЬ ЭФФЕКТИВНАЯ ВЕЩЬ!
НО... ТЫ СКАЗАЛ, ЧТО ПРИНЦИПОВ ПЯТЬ!
АХ, ДА! ПОСЛЕДНИЙ — САМЫЙ ВАЖНЫЙ!
КОМУ НУЖНА ЭТА ВАША КОММУНИКАЦИЯ? ИЗВЕСТНО, ЧТО КОШКИ ЖИВОТНЫЕ ОДИНОЧНЫЕ!

ЭТО НОВЕЙШИЙ ПИТЬЕВОЙ ФОНТАНЧИК МОДЕЛИ «КОТ-КОМФОРТ»! ЛУЧШЕЕ ИЗОБРЕТЕНИЕ ЧЕЛОВЕКА СО ВРЕМЕН КОГТЕТОЧКИ «СКРЯБ-ДЕЛЮКС XXXL».
УХ ТЫ! САМО ЛЬЁТСЯ!
ДА, ВСЕ КОШКИ ОТ ПРИРОДЫ ЗНАЮТ, ЧТО ПРОТОЧНАЯ ВОДА — ЗАЛОГ ЗДОРОВЬЯ, В НЕЙ МЕНЬШЕ БАКТЕРИЙ!
ЖУРЧАНИЕ ПОБУЖДАЕТ НАС ПИТЬ БОЛЬШЕ, А ЧЕМ БОЛЬШЕ МЫ ПЬЁМ, ТЕМ МЕНЬШЕ У НАС БУДЕТ ПРОБЛЕМ СО ЗДОРОВЬЕМ... ПОНЯЛ?
БУЛЬ БУЛЬ
БУЛЬ
ТВОЕ ЗДОРОВЬЕ, БРИСТОЛЬ!
ЖАЛЬ, У НАС ТАКИХ НОВШЕСТВ НЕТ...
БРИСТОЛЬ! БЕЖИМ СКОРЕЙ! НАШ ЧЕЛОВЕК СДЕЛАЛ ДОМА ФОНТАНЧИК!!!
ОН УСТАНОВИЛ «КОТ-КОМ-ФОРТ»???
ВАУ!... ДА У ВАС МОДЕЛЬ ЭКСТРА-ЛЮКС! ВЕЗУХА!

ВИДИШЬ ЛИ, МЕРЛИН, В ЭТОМ И ЗАКЛЮЧЁН ПРИНЦИП ПОЛОЖИТЕЛЬНОГО ПОДКРЕПЛЕНИЯ!
ДИНЬ! ДОНН!
ДИНЬ! ДОНН!
ДИНЬ! ДОНН!
ПОСКОЛЬКУ БРИСТОЛЬ БОИТСЯ ДВЕРНОГО ЗВОНКА, НАШ ЧЕЛОВЕК ЗАПИСАЛ ЭТОТ ЗВУК НА СВОЙ ТЕЛЕФОН...
ДИНЬ! ДОНН!
...И ТЕПЕРЬ РАЗ ЗА РАЗОМ ЕГО ВКЛЮЧАЕТ, ДЕЛАЯ ВСЁ ГРОМЧЕ И ГРОМЧЕ! НО НЕ ПРОСТО ТАК, А УГОЩАЯ БРИСТОЛЯ ЛАКОМСТВОМ.
ЭТО НАЗЫВАЕТСЯ ПОЗИТИВНАЯ АССОЦИАЦИЯ!
СЕЙЧАС ОН К ЭТИМ ЗВУКАМ УЖЕ ПРИВЫК И БОЛЬШЕ НЕ БУДЕТ ПАНИКОВАТЬ, ЕСЛИ КТО-ТО ПОЗВОНИТ В ДВЕРЬ!
ПРИВЕТ, СОСЕДКА!
НЕ МОГЛИ БЫ ВЫ ПОЗВОНИТЬ НАМ В ДВЕРЬ?
МОЙ КОТЁНОК БОИТСЯ ДВЕРНОГО ЗВОНКА, А Я ПЫТАЮСЬ ЕМУ ПОМОЧЬ!
О-О-О-О! ПРЕЛЕСТЬ КАКАЯ!
ДИНЬ! ДОНН!
И ВОТ РЕЗУЛЬТАТ!
НЕПЛОХО!
НО КРОМЕ ПРЯНИКА, ЕСТЬ ЕЩЁ И КНУТ — ОТРИЦАТЕЛЬНОЕ ПОДКРЕПЛЕНИЕ! КОГДА ТЫ НЕ ХОЧЕШЬ, ЧТОБЫ КТО-ТО К ЧЕМУ-ТО ПРИВЫК!
ЭТО МЕНЕЕ ПРОГРЕССИВНО... И НИКАКИХ ВКУСНЯШЕК! ЛЮДИ, ЧТО С НИХ ВЗЯТЬ!

ВВУФФФФ!
А! ТЯЖЁЛАЯ АРТИЛЛЕРИЯ! ПОХОЖЕ, НАШ ЧЕЛОВЕК ВСЕРЬЁЗ РЕШИЛ РАСТОРМОШИТЬ МАЛЫША!
КАЗАЛОСЬ БЫ — ЕРУНДА! ПОДУМАЕШЬ, ПАЛКА, ВЕРЁВКА, КОМОК БУМАГИ... НО ПОЧЕМУ-ТО ВСЕГДА РАБОТАЕТ!
ЕСЛИ БЫ Я ТАК НЕ ОБЪЕЛАСЬ, ТОЖЕ БЫ ПОИГРАЛА!
НАШ ЧЕЛОВЕК БЛЕСТЯЩЕ РАЗОБРАЛСЯ В ПОВЕДЕНИИ КОШЕК! БРАВО!
ПОСМОТРИ, КАК ОН ВЕЛИКОЛЕПНО ВЛАДЕЕТ ИСКУССТВОМ ИГРЫ!
ПРЯЧЕТСЯ, ЧТОБЫ ЕЩЕ БОЛЬШЕ ЗАИНТЕРЕСОВАТЬ БРИСТОЛЯ!
И ВСЁ ЖЕ, МЕРЛИН, Я БЫ НЕ СКАЗАЛА, ЧТО ОН ПОСТИГ НАС В СОВЕРШЕНСТВЕ!
В СМЫСЛЕ?
...ОН ЗАБЫЛ, ЧТО МЫ УМЕЕМ С ТАКОЙ ЖЕ ЛЁГКОСТЬЮ ПЕРЕКЛЮЧАТЬСЯ НА ЧТО-ТО ЕЩЁ!
ЭТО ТОЧНО!

БАБАМ!
ХРРЗЗ МРР...?
!!
ЮЗУ, ОТПУСТИ МОЮ ПОДРУЖКУ! ИНАЧЕ...
СПОКОЙНО, МАЛЫШ! ЭТО НЕ ДРАКА.
ВИДИШЬ, МЫ НЕ РЫЧИМ, НЕ ШИПИМ... ПРОСТО ИГРАЕМ! МЫ С СОСЕДКОЙ ЛЮБИМ ПОВЕСЕЛИТЬСЯ!
МЫ ИГРАЕМ В САЛОЧКИ, В КОШКИ-МЫШКИ... А ПОЧЕМУ НЕТ?
ЭЙ, СОСЕД! ПОПРИДЕРЖИ-КА СВОЮ ДИКАРКУ!
ЧТО-О? Я ТУТ ВИЖУ ТОЛЬКО ОДНОГО ДИКАРЯ!
Э, ТЫ КЕМ СЕБЯ ВОЗОМНИЛ?
А НУ ИДИ СЮДА, ПОТОЛКУЕМ!
МЕРЛИН, СКОРЕЙ! СМОТРИ, НАШ ЧЕЛОВЕК ИГРАЕТ С СОСЕДСКИМ!

УХ ТЫ! ЧТО ЭТО?
ЭТО ПОСЛАНИЕ ОТ НАШЕГО ЧЕЛОВЕКА! ЕМУ, ВИДИШЬ ЛИ, НАДОЕЛО, ЧТО МЫ ПОСТОЯННО ДЕРЁМ ОБОИ, ПОЭТОМУ ОН ВЕЗДЕ НАСТАВИЛ КОГТЕТОЧЕК. НАДЕЕТСЯ, ЧТО МЫ ЗАБУДЕМ О СТЕНАХ.
НО ТАК ЭТО НЕ РАБОТАЕТ!
ОН ПРОСТО НЕ ПОНИМАЕТ... ТО, ЧТО ЛЮДИ СЧИТАЮТ ГЛУПОСТЬЮ, ДЛЯ НАС — ВОВСЕ НЕ ГЛУПОСТЬ. СОГЛАСЕН, МАЛЫШ?
ЕСЛИ МЫ ТАК ДЕЛАЕМ, ЗНАЧИТ, НАМ ЭТО НУЖНО.
ВО ВСЯКОМ СЛУЧАЕ, НАШ ЧЕЛОВЕК УМЕЕТ ДОНЕСТИ СВОЮ МЫСЛЬ.
ДА. НО И МЫ ТОЖЕ...
ТО ЕСТЬ БУДЕМ ЦАРАПАТЬ КОГТЕТОЧКИ?
НЕТ, КОНЕЧНО... ЗАЙМЁМСЯ ДИВАНОМ!

ВИДИШЬ ЛИ, МАЛЫШ, ЛЮДИ РЕДКО БЕРУТ ИЗ ПРИЮТА ЧЁРНЫХ КОШЕК!
НО ПОЧЕМУ?
В ЧЁМ ПРОБЛЕМА?
ПФ-Ф-Ф... ВСЯКИЕ БАЙКИ О КОЛДОВСТВЕ, СУЕВЕРИЯ... СРЕДНЕВЕКОВЫЕ ПРЕДРАССУДКИ!
А У БРИТАНЦЕВ, НАОБОРОТ, СЧИТАЕТСЯ, ЧТО ЧЁРНЫЕ КОТЫ ПРИНОСЯТ УДАЧУ!
ЛОТЕР
СЧИТАЕТСЯ, ЧТО МАНЁКИНЭКО, ЯПОНСКИЙ КОТ-ТАЛИСМАН, ОТГОНЯЕТ ЗЛЫХ ДУХОВ, ЕСЛИ ОН ЧЁРНОЙ МАСТИ!
СУЕВЕРИЯ, СУЕВЕРИЯ... ГЛУПОСТИ ЭТО ВСЁ, ХОТЬ В ЯПОНИИ, ХОТЬ ГДЕ!
ЧТО С ТОБОЙ, МЕРЛИН?
ГОВОРЯТ, ЧТО ЕСЛИ ПРОЙТИ МИМО КИПАРИСА, КОГДА НАД ТОБОЙ БУДЕТ ОБЛАКО В ФОРМЕ УТКИ...
...ТО ВЕСЬ ДЕНЬ НАСМАРКУ!!!
БЕЖИМ ОТСЮДА! СКОРЕЙ!

НЮХ! НЮХ! ФУ-У!
ЛИМОНОМ ПАХНЕТ!
ДА, ЗАПАХ ОТВРАТИ-ТЕЛЬНЫЙ!
НУ НАШ ЧЕЛОВЕК УЧУДИЛ — ПРИНЁС ДИФФУЗОР С ЦИТРУСОВЫМ АРОМАТОМ! УЖАС!
БУДТО НЕ ЗНАЕТ, ЧТО КОШКИ НЕНАВИДЯТ ДУХИ И ВОСПРИНИ-МАЮТ ИХ КАК АГРЕССИЮ!
НУ, ДЕРЖИСЬ!
ЧТО БУДЕШЬ ДЕЛАТЬ, МЕРЛИН?
КАК БУДТО У МЕНЯ ЕСТЬ ВЫБОР, МАЛЫШ!
ПРОСТО ПЕРЕБЬЮ ЭТОТ ДУРАЦКИЙ ЗАПАХ СВОИМ!
ПС-С-С-С
КРОМЕ ТОГО, ТАК МЫ ВСТУ-ПАЕМ В ДИАЛОГ С НАШИМ ЧЕЛОВЕКОМ!
КАК? ДЕЛАЯ ПИ-ПИ?
НУ! СМОТРИ, ТЕПЕРЬ ОН РАЗБРЫЗГИВАЕТ СВОЙ ЗАПАХ!
МЫ С НИМ ТАК ПОХОЖИ!

ОЙ!..
А ГДЕ ТВОЙ БОЛЬШОЙ ЖИВОТ?
НЕ ЗНАЮ, ЧЕМУ ТЕБЯ УЧАТ ЮЗУ С МЕРЛИНОМ, НО ЕСТЬ ВЕЩИ, О КОТОРЫХ НЕ ПРИНЯТО ГОВОРИТЬ!
ВПРОЧЕМ, ДОЛЖНА ПРИЗНАТЬ, ЧТО ТЫ ВСЁ ВЕРНО ПОДМЕТИЛ, МАЛЫШ.
Я ПОХУДЕЛА.
МОЙ ЧЕЛОВЕК КУПИЛ МНЕ ДИЕТИЧЕСКИЙ КОРМ.
Я СТАЛА БОЛЬШЕ ДВИГАТЬСЯ. МОЯ МИСКА ТЕПЕРЬ СТОИТ ВЫСОКО, ПОЭТОМУ КАЖДЫЙ ПЕРЕКУС ПРЕВРАЩАЕТСЯ В ТРЕНИРОВКУ!
А ЕЩЁ ОНА ТАК УСТРОЕНА, ЧТО ЕСТЬ НАДО МЕДЛЕННЕЕ.
ВРЕМЯ ОТ ВРЕМЕНИ МНЕ ДАЮТ ОТВАРНЫЕ КАБАЧКИ ИЛИ СТРУЧКОВУЮ ФАСОЛЬ.
БУЭ-Э!
ВОВСЕ НЕТ, ЭТО ВПОЛНЕ СЪЕДОБНО. А С ХРУСТЯШКАМИ ВООБЩЕ ОБЪЕДЕНИЕ!
ВОТ ТАК Я ПОХУДЕЛА НА 300 ГРАММ!
И НЕ ХОЧУ НАБИРАТЬ ИХ СНОВА!
ЗНАЕШЬ, МОЯ ПОДРУЖКА ЮЗУ ТОЖЕ ТЕРЯЕТ ВЕС!
ЮЗУ?
УВЕРЕН?
ДА! СЕГОДНЯ УТРОМ ЮЗУ ВЕРНУЛАСЬ С ПРОГУЛКИ И СКАЗАЛА, ЧТО ПОТЕРЯЛА 150 ГРАММ!
150 ГРАММ? ТАК БЫСТРО?
КАК ОНА УМУДРИЛАСЬ?
ХРРЗЗ ХРРЗЗ ХРР
ЮЗУ, Я НАШЁЛ ОШЕЙНИК, КОТОРЫЙ ТЫ ОБРОНИЛА!
??
А, НУ ТОГДА ПОНЯТНО!

В 2004 ГОДУ АРХЕОЛОГИ ПРЕДСТАВИЛИ ДОКАЗАТЕЛЬСТВА, ЧТО ОДОМАШНИВАНИЕ КОШКИ НАЧАЛОСЬ БОЛЕЕ 9000 ЛЕТ НАЗАД.
НА КИПРЕ БЫЛО НАЙДЕНО ДРЕВНЕЕ ЗАХОРОНЕНИЕ: ЮНОША И ЕГО КОТ.
ЗНАЧИТ, НАШИ ДВА ВИДА УЖЕ ТОГДА БЫЛИ ТЕСНО СВЯЗАНЫ.
ПОСКОЛЬКУ КИПР — ОСТРОВ, ПОНЯТНО, ЧТО КОШЕК ТУДА ЗАВЕЗЛИ МОРЕМ.
ИНАЧЕ ГОВОРЯ, МЫ УЖЕ 9000 ЛЕТ ЖИВЁМ С НИМИ БОК О БОК, ПОЭТОМУ ОСТАНЕМСЯ НА КРОВАТИ, ДАЖЕ ЕСЛИ ОНИ ПОПЫТАЮТСЯ НАС ПРОГНАТЬ!
ТАК ТОЧНО, ШЕФ!

БОЛЬШЕ ХРИПОТЦЫ В ФИНАЛЕ!
КРУТО!!!
ВООБЩЕ-ТО, МАЛЫШ, МЯУКАНЬЕ ПРЕДНАЗНАЧЕНО ДЛЯ ЛЮДЕЙ!
ДЛЯ ОБЩЕНИЯ ДРУГ С ДРУГОМ НАМ, КОШКАМ, ОНО НЕ НУЖНО...
ТИПА, СКАЗАТЬ ИМ: «ОТКРОЙ ДВЕРЬ, ЕСТЬ ХОЧУ», ИЛИ, ТАМ, «ПРОЛЕТЕЛА МУХА...»
ЯСНО...
ПРИМЕРНО КАК НАШ ЧЕЛОВЕК ГОВОРИТ ДДАШШОЖЖ-ЖЖТАДД...
МОЖЕТ, ОН ХОЧЕТ СКАЗАТЬ, ЧТОБЫ МЫ РЕПЕТИРОВАЛИ НА УЛИЦЕ?
В ЯБЛОЧКО, МАЛЫШ!

ЭЙ! ЭЙ! ТЫ ЧТО ДЕЛАЕШЬ, МАЛЫШ?!
НУ... Я ПЬЮ...
ХЛЮП
ХЛЮП
В ЭТО ВРЕМЯ ТЫ ДОЛЖЕН СОВЕРШАТЬ ОБХОД!
НЕЛЬЗЯ ЛОМАТЬ ГРАФИК! ПОНИМАЮ, РУТИНА, НО ТАК ПОЛОЖЕНО!
РУ... ЧЕГО?
НЕВАЖНО. ЗАПОМНИ: КАЖДОЕ УТРО МЫ ПРОВЕРЯЕМ СОСТОЯНИЕ МИСОК...
ПОТОМ БУДИМ НАШИХ ЛЮДЕЙ РОВНО В 6:15, ВКЛЮЧАЯ ВОСКРЕСЕНЬЕ!
ЗАТЕМ БЫСТРЫЙ ОБХОД ПЕРИМЕТРА, ЧТОБЫ РАЗМЯТЬ ПОДУШЕЧКИ...
ПОСЛЕ ЭТОГО ИГРА, СОН, ЕДА, ОБНИМАШКИ, СОН, ОХОТА, СОН...
КАЖДЫЙ ДЕНЬ СТРО-ГО ОДНО И ТО ЖЕ!
ХЛЮП
ХЛЮП
ХЛЮП
ЭЙ! ЭЙ! ТЫ ЧТО ДЕЛАЕШЬ, МАЛЫШ?!
В ЭТО ВРЕМЯ ТЫ ДОЛЖЕН СОВЕРШАТЬ ОБХОД!
НУ ДА... И ПРАВДА ОДНО И ТО ЖЕ.

МЕРЛИН ГОВОРИТ, ЧТО НАСТОЯЩИЙ КОТ ДОЛЖЕН ДЕЛАТЬ СВОИ ДЕЛА В САДУ, НА ЗЕМЛЕ... И ЧТОБЫ НИКАКИХ ТАМ ХИМИЧЕСКИХ ОТДУШЕК... БЛА-БЛА-БЛА... НО ВЕДЬ И Я СВОИ ДЕЛА В САДУ ДЕЛАЮ!
...НУ ДА, ТО ЖЕ САМОЕ!
НЕТ! ЭТО НЕ ТО ЖЕ САМОЕ!!!

УМФФ! ВРФ!
ПССТ ПССТ...
ТЕБЕ НЕ КАЖЕТСЯ, ЧТО НАШ МЕРЛИН МАЛОСТЬ ПОДРАСТОЛСТЕЛ?
УМФ!
ПОГОДИ... ЮЗУ, Я ДУМАЛ, ТОЛСТЫХ КОТОВ В МИРЕ НЕ СУЩЕСТВУЕТ!
В ДИКОЙ ПРИРОДЕ, КОНЕЧНО, НЕТ... НО, БРИСТОЛЬ, СЕЙЧАС МЫ ЖИВЁМ СРЕДИ ЛЮДЕЙ. И НАБОР ВЕСА НЕ ЗАСТАВИЛ СЕБЯ ДОЛГО ЖДАТЬ!
НЕ СМОТРИ НА МЕНЯ ТАК! ЭТО ДРУГОЕ, У МЕНЯ ОЧЕНЬ ПУШИСТАЯ ШЕРСТЬ!
УМФ!
А ВООБЩЕ НА ТО ЕСТЬ СВОИ ПРИЧИНЫ!
ВО-ПЕРВЫХ, МЫ БОЛЬШЕ НЕ ОХОТИМСЯ, А ПРОСТО СУЁМ ГОЛОВУ В МИСКУ!
ММФ!
ДА, НА УЛИЦЕ МЫ ИНОЙ РАЗ КОГО-ТО ОЙМАЕМ: ВОРОБЬЯ, ТРЕКОЗУ, ЯЩЕРИЦУ... НО РАЗВЕ Ж ЭТО ОХОТА!
НЕ ГОВОРЯ УЖ О ТОМ, ЧТО ПОКУПНАЯ ЕДА НЕ ОЧЕНЬ ПРИСПОСОБЛЕНА К НАШИМ НУЖДАМ!
ОТ СКУКИ ИЛИ СТРЕССА МЫ НАЧИНАЕМ ПЕРЕЕДАТЬ...
НО ЕСЛИ ТЫ СПРОСИШЬ МЕРЛИНА, ОН СКАЖЕТ, ЧТО НАБИРАЕТ ВЕС СОВСЕМ ПО ДРУГОЙ ПРИЧИНЕ!
ХИ-ХИ-ХИ!
КАКОЙ ЖЕ?
УМФ!
ТЕПЕРЬ, КОГДА Я ПОДЧИСТИЛ ВСЕ ХРУСТЯШКИ У СЕБЯ ДОМА, ВРЕМЯ ЗАНЯТЬСЯ СОСЕДЯМИ!
ЦЕЛЫХ ДВЕ МИСКИ... ВАЛЯЮТСЯ ПОСРЕДИ ЛУЖАЙКИ... А Я ТЕРПЕТЬ НЕ МОГУ БЕСПОРЯДОК!

ГЛП!
МЕРЛИН, Я СТРАННО СЕБЯ ЧУВСТВУЮ...
КАКОЕ-ТО ВОЛНЕНИЕ НАРАСТАЕТ... ПОХОЖЕ, Я НЕ МОГУ ЕГО КОНТРОЛИРОВАТЬ...
!!!
ТЫ ДОЛЖЕН СБРОСИТЬ НАПРЯЖЕНИЕ, БРИСТОЛЬ!
ЭТО ТВОИ ПЯТНАДЦАТЬ МИНУТ БЕЗУМИЯ, МАЛЫШ!
НАКОПИЛОСЬ СЛИШКОМ МНОГО ЭНЕРГИИ? ЕЁ НУЖНО ВЫСВОБОДИТЬ!
ЕСЛИ НАШ ЧЕЛОВЕК НЕ ХОЧЕТ, ЧТОБЫ МЫ СЛЕТАЛИ С КАТУШЕК, ЕМУ НАДО ЧАЩЕ С НАМИ ИГРАТЬ!
А У НЕГО БЫВАЮТ 15-МИНУТКИ БЕЗУМИЯ?
КОНЕЧНО!
НО ПО ДРУГИМ ПРИЧИНАМ!
УХОДИ-И-ИМ!!!
???

Я В ЭТОМ ДОМЕ ЖИВУ НЕДОЛГО, НО ВСЁ ЖЕ ДОСТАТОЧНО, ЧТОБЫ ЗНАТЬ: ОБЫЧНО НАША ПЕРЕНОСКА ХРАНИТСЯ НЕ ЗДЕСЬ, ДА?
ВЕРНО, БРИСТОЛЬ!
ВСЁ НАЧАЛОСЬ С ТОГО, ЧТО НАШ ГОРЯЧО ЛЮБИМЫЙ ЧЕЛОВЕК ПОПРОБОВАЛ ПРИМЕНИТЬ ХОРОШО ИЗВЕСТНЫЙ НАМ, КОШКАМ, МЕТОД!
«ПОСМОТРИ-ПРИВЫКНИ»!
???
ЧТОБЫ МЫ НЕ НЕРВНИЧАЛИ В ПЕРЕНОСКЕ, КОГДА НАС ВЕЗУТ К ВЕТЕРИНАРУ, ДЛЯ НАЧАЛА ОН СТАВИТ ЕЁ НА ВИДУ В ГОСТИНОЙ...
ДВЕРЬ ОСТАЁТСЯ ОТКРЫТОЙ, МЫ МОЖЕМ ЗАЙТИ ТУДА, КОГДА ЗАХОТИМ...
И КОМУ ВЗБРЕЛО В ГОЛОВУ ПОЛОЖИТЬ СЮДА ВКУСНОСТИ?
ЗАТЕМ ЧЕЛОВЕК БЕРЁТ ПЕРЕНОСКУ И ХОДИТ С НЕЙ ИЗ КОМНАТЫ В КОМНАТУ, ЧТОБЫ МЫ ПОСТЕПЕННО ПРИВЫКЛИ К ТРЯСКЕ!
НО МЕРЛИН НАШЁЛ ЭТОМУ ДРУГОЕ ПРИМЕНЕНИЕ!
ЭЙ! ОТНЕСИ МЕНЯ В САД!
А ПОТОМ К МОЕЙ КОГТЕТОЧКЕ!
ПОТОМ НА КУХНЮ! НУ, ПОШЁЛ!
УХ ТЫ! ГЕНИАЛЬНО! КАЖЕТСЯ, ЛЮДИ НАЗЫВАЮТ ЭТО СЛОВОМ «ТАКСИ»?
ТОЧНО!
ВОТ ПОЧЕМУ ПЕРЕНОСКА В ИТОГЕ ОКАЗАЛАСЬ ЗДЕСЬ!
МЕРЛИН СУПЕРКРУТ!

ТАК И ЕСТЬ, МАЛЫШ! Я ВЫРОС НА УЛИЦЕ!
ПРОШЛИ ГОДЫ, ПРЕЖДЕ ЧЕМ Я ПОПАЛ В ПРИЮТ, ОТКУДА НАШИ ЛЮДИ МЕНЯ ЗАБРАЛИ!
ХРЗЗ
МРР
ЗДОРОВО! Я И НЕ ЗНАЛ, ЧТО МОЖНО ЗАВОДИТЬ ВЗРОСЛУЮ КОШКУ!
ИДЕАЛЬНЫЙ ВАРИАНТ, ПОВЕРЬ!
КОТЯТА — ЭТО СПЛОШНЫЕ ПРОБЛЕМЫ! МУЧЕНИЕ!
МЕРЛИН, ГДЕ ТВОЁ ЧУВСТВО ТАКТА?! НЕЛЬЗЯ ТАК ГОВОРИТЬ ПРИ БРИСТОЛЕ!
ПРОСТО МЕРЛИН ХОЧЕТ СКАЗАТЬ, ЧТО У ВЗРОСЛОГО КОТА ЕСТЬ СВОИ ПРЕИМУЩЕСТВА! ЕГО ХАРАКТЕР УЖЕ СФОРМИРОВАЛСЯ, И ЛЮДИ СРАЗУ ВИДЯТ, ПОДХОДИТ ОН ИМ ИЛИ НЕТ...
И ПОТОМ, ОНИ ЗНАЮТ, ЧТО ВЗРОСЛЫЙ КОТ МЕНЬШЕ БУДЕТ ТВОРИТЬ ВСЯКИХ ГЛУПОСТЕЙ — НАПРИМЕР, ДРАТЬ МЕБЕЛЬ ИЛИ КУСАТЬ ЛЮДЯМ ПАЛЬЦЫ НА НОГАХ!
ОЙ, ВООБЩЕ-ТО Я ЭТО ОБОЖАЮ!
ИНЫМИ СЛОВАМИ, БРАТЬ КОТЁНКА ТОЛЬКО ПОТОМУ, ЧТО У НЕГО УМИЛИТЕЛЬНАЯ МОРДАШКА, — ОЧЕНЬ ПЛОХАЯ ИДЕЯ!
ПОЧЕМУ?
НУ, КАК ИЗВЕСТНО, МИЛОТА ДЛИТСЯ НЕДОЛГО!
Ч... ЧТО-О?
ТО ЕСТЬ Я СКОРО ПЕРЕСТАНУ БЫТЬ МИЛЫМ КОТЁНКОМ, ДА? Я ВЫРАСТУ И СТАНУ БОЛЬШИМ УРОДЛИВЫМ КОТОМ?!! УЖАС!
БРАВО, ЮЗУ, ПРЕКЛОНЯЮСЬ ПЕРЕД ТВОИМ ЧУВСТВОМ ТАКТА!

ЖЕЛАТЕЛЬНО ХОТЯ БЫ РАЗ В ГОД ПОКАЗЫВАТЬ КОШКУ ВЕТЕРИНАРУ! И, РАЗУМЕЕТСЯ...
ВЕТЕРИНАР
СЮДА, РУФУС!
...ДЕЛАТЬ ЭТО ПРИ МАЛЕЙШИХ ПРОЯВЛЕНИЯХ НЕТИПИЧНОГО ПОВЕДЕНИЯ. НАПРИМЕР, ЕСЛИ ОНА ПЕРЕСТАЛА ЕСТЬ...
БУЭЭ!
...НАЧАЛА МНОГО ЧИХАТЬ...
ААПЧХИИИИИ!
...ЧЕСАТЬСЯ...
СКРЯБ
СКРЯБ
СКРЯБ
...ИЛИ МЯУКАТЬ...
МЯЯЯЯУУУУУ
МЬЯАУУУ
МРМЯЯУУУУУ
...ПРИ ДИАРЕЕ И Т. Д.
ЗАНЯТО
А ЕСЛИ Я ОБЛИЗЫВАЮ ПОДУШЕЧКИ ЛАП, ЭТО ТИПИЧНОЕ ПОВЕДЕНИЕ ИЛИ НЕТ?
БЕЗ ПОНЯТИЯ, ТОЛЬКО НЕ СТОЙТЕ СТОЛБОМ! ДЕЛАЙТЕ ЧТО-НИБУДЬ, НО ТИПИЧНО!
ПОЗДНО! ОН УЖЕ ЗВОНИТ ВЕТЕРИНАРУ!

МЕРЛИН, ТЫ ЗНАЕШЬ, ЧТО У ТЕБЯ ПЯТНО В УХЕ?
ПЯТНО?
ЭТО КЛЕЙМО, ИДЕНТИФИКАЦИОННАЯ ТАТУИРОВКА! ОНА ДОЛЖНА БЫТЬ У ВСЕХ КОШЕК!
Э-Э-Э... ТОЛЬКО НЕ У МЕНЯ! СМОТРИ, ЧИСТО!
ПОТОМУ ЧТО У ТЕБЯ ВМЕСТО НЕГО ЕСТЬ ЧИП! МЕНЬШЕ РИСКА ИНФЕКЦИЙ, ПОЧТИ БЕЗБОЛЕЗНЕННО, И ЕГО СЛОЖНЕЕ ПОДДЕЛАТЬ.
А ЗАЧЕМ ОН НУЖЕН?
Я ЖЕ СКАЗАЛ, ДЛЯ ИДЕНТИФИКАЦИИ! НАПРИМЕР, ЕСЛИ ПОТЕРЯЕШЬСЯ ИЛИ ТЕБЯ ПОХИТЯТ, ЛЮДИ СРАЗУ ТЕБЯ НАЙДУТ!
НАЙДУТ?
БЕЗ ПРОБЛЕМ!
У МЕНЯ ЕСТЬ ДРУГ ПЕРСИДСКОЙ ПОРОДЫ, КОТОРЫЙ ЖИВЁТ ВОЗЛЕ ПОЧТЫ... ТАК ОН ОДНАЖДЫ ЗАБРАЛСЯ В АВТОФУРГОН, НО ЧЕРЕЗ МЕСЯЦ ЕГО НАШЛИ! ЭТОГО ИДИОТА ЗАНЕСЛО АЖ КУДА-ТО В ГОРЫ!
ХА-ХА-ХА!
ПО... ПОЛУЧАЕТСЯ, ГДЕ БЫ Я НИ СПРЯТАЛСЯ, ОНИ МЕНЯ ВСЁ РАВНО РАЗЫЩУТ?
АГА! В ЭТОМ ВСЯ СУТЬ! ЭЛЕМЕНТАРНО!
ЧТО ЖЕ ТЫ РАНЬШЕ НЕ СКАЗАЛ?! Я БЫ НЕ СТАЛ ТАК ВЕСЕЛИТЬСЯ В БИБЛИОТЕКЕ!

ВЧЕРА Я РЕШИЛ ПОЛЮБОВАТЬСЯ ПРЕКРАСНЫМ ВИДОМ ИЗ ОКНА МАНСАРДЫ...
КАК ВДРУГ ПРИЛЕТЕЛА ЭТА ГЛУПАЯ БАБОЧКА И ДАВАЙ МЕНЯ ЗАДИРАТЬ!
!!!
Я БЫ ПРЫГНУЛ НА НЕЁ, НО СДЕРЖАЛСЯ...
НЕ ДЕЛАЙ ЭТОГО! СЛИШКОМ ВЫСОКО! НЕ ВЗДУМАЙ!
А ПОТОМ, ОТКУДА НИ ВОЗЬМИСЬ, ПОЯВИЛАСЬ СИНИЦА И СТАЛА ВЕРТЕТЬ ХВОСТОМ У МЕНЯ ПЕРЕД НОСОМ!
ЧИВ! ЧИВ! ЧИВ!
...ТУТ УЖ Я НЕ СТЕРПЕЛ!
БАНЗАААЙ!!!
ЧИВ!
КОРОЧЕ, СЕГОДНЯ УТРОМ НАШ ЧЕЛОВЕК УСТАНОВИЛ НА ОКНО МАНСАРДЫ ЗАЩИТНУЮ СЕТКУ!
ЧТОБЫ МЫ ОТТУДА БОЛЬШЕ НЕ ПАДАЛИ!
УХ ТЫ!
КАК ЗДОРОВО, ЧТО У НАС ЕСТЬ ЧЕЛОВЕК, КОТОРЫЙ НЕ ЗАБЫВАЕТ О НАШЕЙ БЕЗОПАСНОСТИ!
ТЫ ПРАВ, БРИСТОЛЬ, НО ЛИШЬ ОТЧАСТИ!
ОН СДЕЛАЛ ЭТО НЕ РАДИ НАШЕЙ, А РАДИ СВОЕЙ СОБСТВЕННОЙ БЕЗОПАСНОСТИ! Я НЕ ПОСТРАДАЛ ТОЛЬКО ПОТОМУ, ЧТО ПРИЗЕМЛИЛСЯ ЕМУ НА ГОЛОВУ!
ХА-ХА-ХА-ХА!

Я ТУТ НИ ПРИ ЧЁМ, Я ПРОСТО ОБЪЯСНЯЛ БРИСТОЛЮ РАЗНИЦУ МЕЖДУ ПОМЕТКОЙ ТЕРРИТОРИИ И МАЛОЙ НУЖДОЙ!
ЕСЛИ НУЖНО ПО-МАЛЕНЬКОМУ, ТО ЭТО, ТИПА, СУЩИЕ ПУСТЯКИ: ПРИСЕЛ НЕМНОГО, И ВСЕ ДЕЛА!
ПС-С-С-С
А ЧТОБЫ ПОМЕТИТЬ МЕСТО СВОИМ ЗАПАХОМ, МЫ ВСТАЁМ НА ЧЕТЫРЕ ЛАПЫ...
...ПОДНИМАЕМ ХВОСТ И, ПОКАЧИВАЯ ИМ ИЗ СТОРОНЫ В СТОРОНУ, ВЫПУСКАЕМ НЕБОЛЬШИЕ СТРУИ... МЕТКА ОСТАВЛЕНА, ВСЁ ПУТЁМ.
ВОТ, НАПРИМЕР, МОЁ ДЕРЕВО!
Я-ТО В КУРСЕ, А ВОТ БРИСТОЛЮ НУЖНО БЫЛО БЫ ОБЪЯСНИТЬ ТОЧНЕЕ! СКАЗАТЬ, ЧТО ОБЫЧНО МЫ МЕТИМ ДЕРЕВЬЯ, СТЕНЫ, КОЛЁСА АВТОМОБИЛЯ... И ДЕЛАЕМ ЭТО ПО ЧУТЬ-ЧУТЬ, АККУРАТНО...
...А НЕ «РАСПИСЫВАЕМ» ВЕСЬ ДОМ!
САМАЯ МОНУМЕНТАЛЬНАЯ ПОМЕТКА В ИСТОРИИ КОТЕЧЕСТВА!
УФФ УФФ

УЖЕ УТРО? Я ЧТО-ТО НЕ ВЫСПАЛСЯ.
ХР ХРРОО ХРР
ХРЗ-З-З МУРР?
ШМЯК!
АЙ!
УИ-И-И-ИП
АА-А-А! ЮЗУ! МЕРЛИН! БРИСТОЛЬ! Я ВАМ СТО РАЗ ГОВОРИЛ УБИРАТЬ ИГРУШКИ!!!
ПОЧЕМУ ОН НЕ УВИДЕЛ ТВОЮ ИГРУШКУ?
В ОТЛИЧИЕ ОТ НАС, ЛЮДИ НЕ ОБЛАДАЮТ НОЧНЫМ ЗРЕНИЕМ.
ЭТО ПОТОМУ, ЧТО В НАШИХ ГЛАЗАХ БОЛЬШЕ СВЕТОЧУВСТВИТЕЛЬНЫХ ПАЛОЧЕК, ЧЕМ У НИХ.
А ЕЩЁ У НАС ЕСТЬ СВЕТООТРАЖА-ЮЩАЯ МЕМБРАНА. СЛО-ВОМ, ДЕНЬ ИЛИ НОЧЬ — ПО БОЛЬШОМУ СЧЁТУ, НАМ ВСЁ РАВНО!
ДАЖЕ ПРИ ОСВЕЩЁННОСТИ В 6 РАЗ НИЖЕ ЧЕЛО-ВЕЧЕСКОГО ПОРОГА МЫ ВСЁ ЕЩЁ МО-ЖЕМ ВИДЕТЬ.
ОЙ! КАЖЕТСЯ, МОИ ПАЛОЧКИ ПОЛОМАЛИСЬ! Я НИЧЕГО НЕ ВИЖУ! ТЕМНОТА!
ЭТО НАЗЫВАЕТСЯ ЗАКРЫТЬ ГЛАЗА, ГЛУПЕНЬКИЙ! ХИ-ХИ-ХИ!
...ПРАВДА? ХРЗЗ... НУ ТОГДА ЛАДНО...

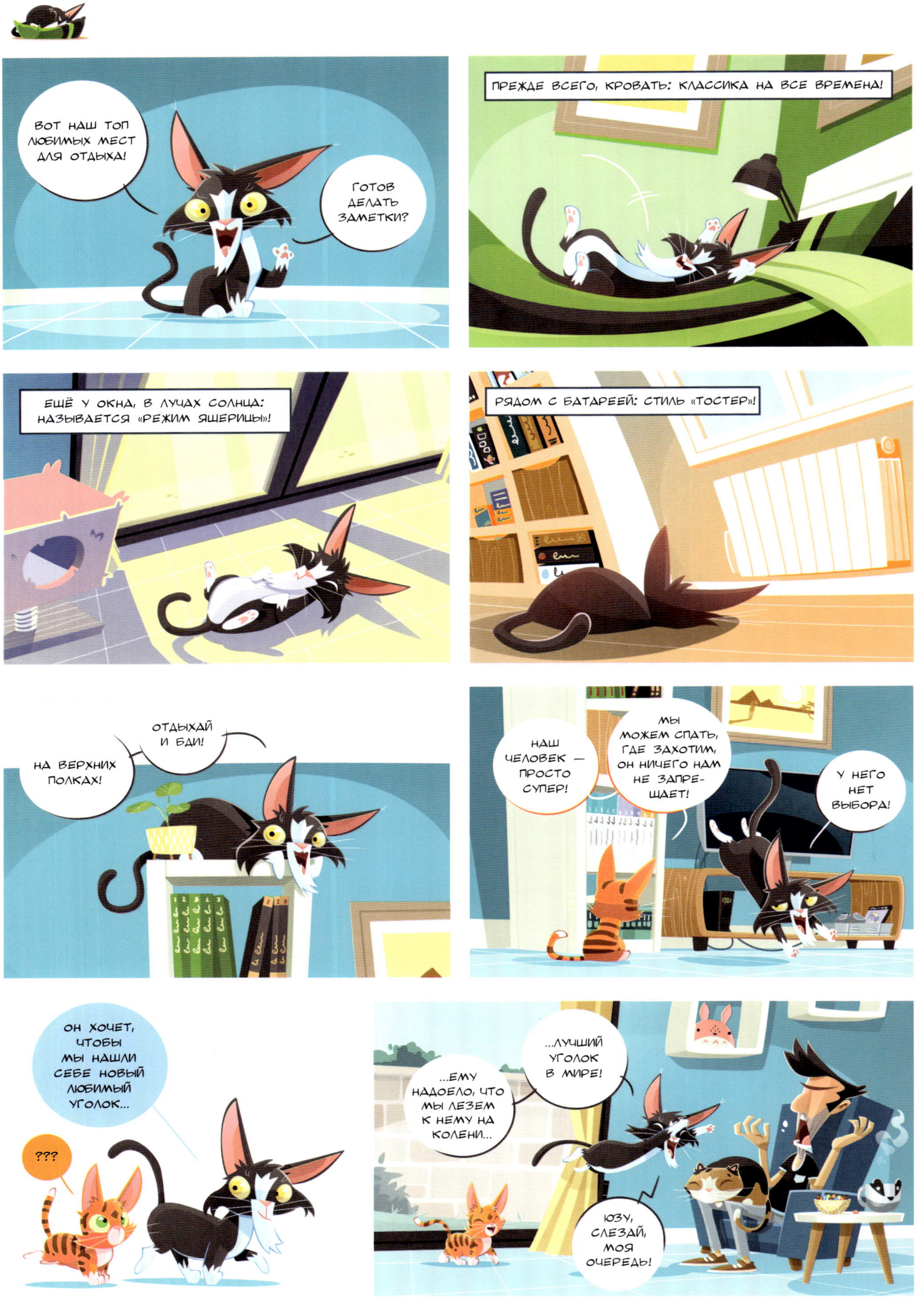

Вот наш топ любимых мест для отдыха!
Готов делать заметки?
Прежде всего, кровать: классика на все времена!
Ещё у окна, в лучах солнца: называется «режим ящерицы»!
Рядом с батареей: стиль «тостер»!
На верхних полках!
Отдыхай и бди!
Наш человек — просто супер!
Мы можем спать, где захотим, он ничего нам не запрещает!
У него нет выбора!
Он хочет, чтобы мы нашли себе новый любимый уголок...
???
...Ему надоело, что мы лезем к нему на колени...
...лучший уголок в мире!
Юзу, слезай, моя очередь!

НЕ БОЙСЯ, ЛАПУСИК.
ЭТО ВСЕГО ЛИШЬ ГРОЗА... УТИ-ПУТИ!
УТИ-ПУТИ... ЛАПУСИК... ТЬФУ!
ТЫ ЧТО, ЭТО ЖЕ ТАК ТРОГАТЕЛЬНО!
МОЖЕТ БЫТЬ... ЗАТО ПРЯМО ПРОТИВОПОЛОЖНО ТОМУ, ЧТО НУЖНО ДЕЛАТЬ В ПОДОБНОМ СЛУЧАЕ! ГРОМ И МОЛНИЯ, ВСЕ ЗНАЮТ, ЧТО ЛУЧШИЙ СПОСОБ УСПОКОИТЬ КОТА...
...ЗАКЛЮЧАЕТСЯ В ТОМ, ЧТОБЫ ЕГО НЕ УСПОКАИВАТЬ!
ЕСЛИ ВЫ ОБНИМЕТЕ КОТА В СТРЕССОВОЙ СИТУАЦИИ, ВЫ УБЕДИТЕ ЕГО В ТОМ, ЧТО ПОВОД ДЛЯ ТРЕВОГИ ДЕЙСТВИТЕЛЬНО ЕСТЬ!
Я ДОЛЖЕН ВМЕШАТЬСЯ!
ГРААААААААА!
ФШШШШШШ!
ВСЕ ПРОСТО! НИКАКИХ СЮСЮКАНИЙ!
ЧТО ТЫ, МОЙ КОТЁНОЧЕК, ЧТО ТЫ! МЕРЛИН И НЕ ДУМАЛ НА ТЕБЯ НАПАДАТЬ! НЕ БОЙСЯ, ВСЁ ХОРОШО...
НУ ВОТ, И ОНА ТУДА ЖЕ! КАК ИМ ЕЩЁ ОБЪЯСНИТЬ, Я НЕ ПОНИМАЮ?!

СКР-Р-Р
КРР
КР-Р-Р
ЕЩЁ ВЫШЕ! ЕЩЁ!
КОГДА ТОЧИШЬ КОГТИ, ГЛАВНОЕ — КАК СЛЕДУЕТ ВЫТЯНУТЬ ПОЗВОНОЧНИК!
ВОПРОС ГИБКОСТИ, ПОНИМА-ЕШЬ?
А ЕЩЁ ЭТО ЛУЧШИЙ СПОСОБ ОБНОВИТЬ СТАРЫЕ КОГТИ, КОТОРЫЕ УЖЕ НИЧЕГО НЕ РЕЖУТ!
ВДОБАВОК ЦАРА-ПИНЫ ПОЗВОЛЯЮТ НАМ МЕТИТЬ ТЕРРИТОРИЮ, ОСТАВЛЯЯ ХОРОШО ВИДИМЫЕ ЗНАКИ ДОПОЛНИТЕЛЬНО К ЗАПАХУ!
ЧЕМ ВЫШЕ РАСПОЛОЖЕН ТВОЙ ЗНАК, ТЕМ БОЛЬШЕ ОН ВПЕЧАТЛЯЕТ ДРУГИХ КОТОВ!
МОИ КОГТИ ГОТОВЫ!
ДУМАЮ, МОИ ТОЖЕ...
ЧИНК!
ЗНАЧИТ, ТАК: ПРАВЫЕ БОЛЬШИЕ ПАЛЬЦЫ — ТВОИ, А УЖ Я ПОЗАБОЧУСЬ ОБ ОСТАЛЬНЫХ...
ХРР
ХРР
ХРР
ХРР
ХРР

Кошки в комиксах

Если вы решили завести кошку

В этом практическом руководстве мы объясним всё, что вам нужно узнать до того, как взять домой кошку. Тут важно вовремя задать себе правильные вопросы, ведь вы берёте на себя ответственность на весь срок жизни своего питомца — а кошки живут в среднем до 15 лет. Несколько исследований показали, что присутствие домашнего животного положительно влияет на физическое и психическое здоровье человека. Но стоит всё же помнить, что питомец — это не только счастье, игры и забавы. Кошка — живое существо, чувствительное к окружению. У неё есть свои потребности, которые вы должны уважать, характерные именно для кошек.

Где взять питомца?

Лучший вариант — обратиться в приюты вашего города или региона. Приюты подбирают кошек, найденных на улице или брошенных бывшими владельцами, там кошкам делают прививки, при необходимости лечат их, а потом дают «укотовить» тем, кто ищет друга.

Общение с волонтёрами приюта позволит вам заранее узнать предысторию кошки, её индивидуальные потребности (в т.ч. медицинские), пообщаться с самим животным и понять, подходите ли вы друг другу.

Найди свою кошку

Вы любите рыжих котов? Хотите завести котёнка и вырастить его? А может, у вас всегда были дома кошки, и ни одного кота? У каждой кошки свой характер и неповторимое очарование. Самое главное — найти идеального компаньона.

Порода, окрас и пол не определяют полностью характер кошки. А что касается возраста... Даже если котёнок невероятно мил, имейте в виду, что он, во-первых, не останется крохотным очаровашкой вечно, а во-вторых, присутствие котёнка в доме — это очень много хлопот и затрат. У взрослой кошки характер уже установился и его понять легче. Кроме того, никогда не поздно попробовать привить кошке хорошие привычки.

Что касается количества кошек, которых вы сможете завести, тут всё зависит от вашего времени, размеров жилья и бюджета. Также следует учитывать характер каждой отдельной кошки. Некоторые из них более общительны, но вообще кошка — одиночное, не стайное животное. Впрочем, если нескольким кошкам не нужно будет соперничать за пространство, еду и внимание, если у них будет достаточно ресурсов и способов уединиться, когда они захотят, они, вероятно, смогут хорошо ужиться друг с другом.

Потребности кошки

При уходе за животными важно помнить про 5 условий, необходимых для благополучия:

Отсутствие жажды, голода или недоедания.

Отсутствие физического и температурного дискомфорта.

Отсутствие боли, травм и заболеваний.

Свобода выражать поведение, нормальное для данного вида.

Свобода от страха, стресса, страданий.

Главный критерий содержания домашних животных можно сформулировать так: ответственный владелец должен создать животному условия, совместимые с биологической спецификой его вида.

Вы...	...и ваш идеальный кот.
Часто бываете дома, имеете спокойный, устоявшийся распорядок дня.	Тихий и спокойный. Пугливый кот сможет найти свое место рядом с вами.
Имеете детей и/или ведете динамичный образ жизни.	Безрассудный, игривый, любящий людей.
Уже делите жилье с котом.	Общительный, не против компании других кошек.
Часто отсутствуете дома, очень заняты.	Очень независимый, сам по себе.

НЕОБХОДИМЫЙ КОМПЛЕКТ
КАК ПРАВИЛЬНО ПОДГОТОВИТЬСЯ

ЛОТОК

Есть 7 основных правил, которые следует соблюдать:

1. Количество лотков должно быть на один больше, чем количество пользователей.
2. Лоток лучше брать без крыши, в остальном — на ваш выбор.
3. Не размещайте его рядом с едой или шумной стиральной машиной.
4. Заполните лоток наполнителем на 8 см.
5. Очищайте лотки по мере загрязнения, иначе кошки перестанут их использовать.
6. Опилки полностью заменяйте раз в неделю, впитывающие гранулы — два-три раза в месяц.
7. Не используйте возле лотка духи, дезодоранты. Не чистите его отбеливателем или уксусом.

МЕСТА ДЛЯ ЛАЗАНИЯ

Кошки любят занять место на высоте и осматриваться вокруг. Это даёт им чувство контроля и безопасности. Предоставьте им «высоты»: кошачье дерево, полки или обитые ковром приступочки, закреплённые на стене… подойдёт всё.

МЕСТА ДЛЯ ЦАРАПАНИЯ

Чтобы удовлетворить насущную потребность кошки маркировать свою территорию царапинами и ухаживать за когтями, установите в доме несколько когтеточек. Тем самым вы заодно защитите свою мебель, хотя бы частично.

ИГРУШКИ

Предоставьте своим кошкам возможность развлечься. Разместите повсюду игрушки (мячики, мышей). Играйте с кошкой сами: для этого подойдёт «добыча», привязанная к палочке: рыбка на удочке, меховой шарик, метёлка. Это приучит кошку нападать именно на игрушку, а не бросаться на ваши руки. Кошачью мяту или валериану используйте с большой осторожностью (эйфорический эффект может оказаться слишком сильным), на всякий случай посоветуйтесь с ветеринаром. Игрушки не должны быть слишком мелкими, чтобы кошка их не съела.

МЕСТА ОТДЫХА

Кошки спят до 18 часов в сутки. Предоставьте питомцам специальные места для отдыха: кошачье дерево с мягкими полочками, подушки, кошачьи домики и гнёздышки.

ОКНА

В квартире кошка захочет разнообразить свой день, наблюдая из окна за тем, что происходит внизу. Будьте осторожны! Чтобы кошка не упала, нужно затянуть окно или балкон специальной сеткой.

КОШАЧЬЯ ДВЕРКА

Если вы живёте в коттедже на приусадебном участке, можно установить «кошачью дверку». Тогда ваш питомец сможет приходит и уходить, когда захочется. Но за пределами вашего участка его могут подстерегать разные опасности: автомобили, например, или собаки. Может, лучше сделать во дворе «катио» — большой вольер из сетки?

ИССЛЕДОВАНИЕ

Кошке необходимо исследовать окружающий мир. Откройте ей доступ ко всем помещениям дома. Подумайте о том, чтобы предложить ей новые вещи для изучения — картонную коробку, предметы, принесённые с улицы и хранящие новые запахи. Всё это обогатит её среду.

ПЕРЕНОСКА

Подберите переноску правильного размера. Внутри неё у кошки должно быть достаточно места, чтобы встать и повернуться. Постепенно приучайте кошку к переноске: оставьте дверку открытой, чтобы кошка могла свободно её исследовать.

ВЫЧЁСЫВАНИЕ

Для кошек с любой длиной шерсти важно регулярное вычёсывание.

СРЕДСТВА ДЛЯ ВЫВОДА ШЕРСТИ

Чтобы помочь кошке переварить или вывести из организма шерсть, которую она с себя слизывает во время умывания, можно давать специальную пасту или вкусные подушечки.

КОРМ

Ваша кошка — хищник.
В дикой природе некрупные кошачьи питаются преимущественно мелкой добычей. Поэтому им нужен животный белок. Что касается типа корма и марки, лучше посоветуйтесь с ветеринаром.

Если вы не хотите использовать готовый корм, обсудите кошачье меню с ветеринаром, чтобы в её еде были все необходимые питательные вещества. Сколько давать еды — это вы можете спросить… у самой кошки.

Домашние кошки, как правило, предпочитают дробное питание небольшими порциями. Корм лучше не оставлять надолго в миске, даже сухой — он окисляется и портится. Поэтому золотое правило: поели и убрали.

МИСКИ С ЕДОЙ И ВОДОЙ

Чтобы кошка не переедала от скуки, психику животного нужно стимулировать. Купите миску-ребус. Чтобы извлечь оттуда лакомство, придётся катать мяч, выковыривать корм из лунок или прогнать кусочек корма по лабиринту. Решение таких «задачек» активизирует деятельность мозга, а наградой становится пища.

Не забудьте расставить по дому несколько мисок с водой и менять её каждый день. Ещё вы можете завести питьевой фонтанчик. Кошки инстинктивно считают проточную воду более безопасной, чем стоячую. Фонтанчик побуждает животное пить больше, что помогает предотвратить проблемы со здоровьем (например, с почками). Раз в день можно дополнять сухой корм небольшим количеством паштета.

Посуду для корма и воды лучше использовать стеклянную, керамическую или из металла. Пластик быстро портится и начинает впитывать грязь.

ХОРОШЕЕ НАЧАЛО

Итак, вы нашли свою кошку и подготовили для неё среду обитания. Настал важный день: питомец отправляется в новый дом. Если кошка ведёт себя смело, позвольте ей исследовать дом в своём темпе и действовать как обычно. Оставляйте угощения там и сям, чтобы она наткнулась на них во время обхода. Если кошка чрезвычайно пуглива, поместите её в комнату со всем необходимым на день или два. Проводите с ней время, но не приближайтесь и не навязывайтесь, позвольте ей самой к вам подойти.

Если у вас уже есть кошка, не вмешивайтесь, они наладят контакты в своём темпе. Возможно, вам придётся сначала держать кошек по разным комнатам, давая каждой возможность привыкнуть к запаху и виду чужака. Нужно, чтобы у каждого из животных был свой лоток, миска и прочие ресурсы, так вы избежите конфликтов. Постарайтесь найти время поиграть с каждой кошкой пару раз в день. Гладьте и обнимайте их, когда они приходят к вам, и прекращайте, как только они проявят признаки раздражения (например, завиляют хвостом). Не беспокойте кошку без причины, особенно когда она отдыхает. И помните, кошка — животное консервативное, не любящее перемен.

ЗДОРОВЬЕ

Ежегодный медосмотр
Чтобы кошка была в отличной форме, необходимо раз в год посещать ветеринара, даже если вас ничего не беспокоит.

Против бешенства и паразитов
Ежегодный визит — это ещё и возможность сделать прививки от бешенства и других опасных болезней. Ветеринар также порекомендует вам средства от глистов и других паразитов и с какой регулярностью их использовать.

Проблемы со здоровьем
Болезнь, травма или изменение привычного поведения — стоит как можно скорее обратиться к ветеринару. Если с медицинской точки зрения всё в порядке, вы можете проконсультироваться с зоопсихологом. Он оценит поведение кошки, определит источник проблемы и предложит решение.

Регистрационная идентификация
Чип поможет найти кошку, если она потерялась, или доказать, что животное действительно ваше, а также даст ветеринару доступ к её медицинской карточке. А ещё только с чипом можно взять кошку в путешествие в другую страну.

Стерилизация
Эту операцию часто рекомендуют специалисты, иначе всё новые и новые поколения котят окажутся на улицах и пополнят приюты. Она также позволяет избежать многих заболеваний и ограничить маркировки территории мочой. Стерилизацию обычно проводят после 7 месяцев.

Осторожно!
Даже в квартире для кошки не всё безопасно: многие комнатные растения для них ядовиты, даже их пыльца или невидимые компоненты. Поэтому растения лучше вообще не держать в одном помещении с кошкой. Кроме того, многие продукты, которые едим мы, очень вредны для кошек. Им нельзя давать шоколад, лук, виноград и т.д. Кошка очень чувствительна к запахам: духов, благовоний, сигарет, отбеливателя... Ограничьте их применение, насколько это возможно.

КАК БЫТЬ В СЛУЧАЕ ОТЪЕЗДА?

Каждый год огромное количество домашних кошек оказываются выброшенными на улицу. Во многих странах это классифицируется как акт жестокого обращения с животными и карается по закону. Отпуск — это никоим образом не оправдание для того, чтобы так поступить с кошкой. Есть множество способов обеспечить ей присмотр, пока вас не будет дома.

Если вы уезжаете на неделю или около того, вам нужна котоняня! Попросите родственника или знакомого приходить каждый день, чтобы убирать лоток, менять воду, кормить кошку и играть с ней.

А если вы уезжаете надолго, можно присмотреть кошке временный дом: приёмную семью, кошачью гостиницу или передержку. Нужно посетить и внимательно осмотреть помещение, поговорить с теми, кто будет отвечать за кошку, прежде чем её там оставить. Большинству кошек на этот период компания других животных не потребуется, ведь стресса и так достаточно.

Если вы уезжаете надолго или насовсем, возьмите кошку с собой!

ЗАТРАТЫ

Случается, люди выкидывают больных животных, утверждая, что лечение или диетический корм им не по карману. Кошка будет с вами долгие годы, поэтому важно понять, сколько стоит обеспечить её потребности. Взгляните на список расходов, которые нужно спланировать перед тем, как завести кошку.

Разовые (в случае, если вы берёте кошку из приюта):
- Взнос за передачу животного
- Стерилизация
- Кошачье приданое

Регулярные в течение года:
- Сухой корм хорошего качества
- Влажный корм хорошего качества
- Наполнитель для лотков
- Противопаразитные препараты

Раз в год:
- Визит к ветеринару и вакцинация
- Расходы на присмотр за кошкой во время отпуска

По необходимости:
- Затраты на уход, госпитализацию и лекарства в случае болезни

КАК НЕ РАЗОРИТЬСЯ НА КОШКАХ: СОВЕТЫ И ХИТРОСТИ

Подумайте о том, чтобы каждый месяц откладывать небольшую сумму на случай экстренного лечения кошки, особенно если проблемы со здоровьем у неё уже есть. Существуют полисы страхования домашних животных, которые могут покрыть часть расходов.

Прежде чем что-то купить, спросите себя, нет ли у вас дома чего-то похожего или не можете ли вы смастерить это сами. Варианты:

- Пластиковые контейнеры для хранения мусора подойдут в качестве туалетных лотков.

- Комочек бумаги или птичка-оригами — отличная игрушка.
- Носок, набитый лоскутками и кошачьей мятой, — игрушка-антистресс.
- Картонная коробка с несколькими отверстиями может заменить игровую миску.

Текст: Флора
Фотографии ©Adobe Stock и Флора

УДК 636.8
ББК 46.74
К 76

КОШКИ В КОМИКСАХ

Сценарий: **Казнов & Флора**
Рисунки: **Ален Сирван**
Цвет: **Александр Амурик & Мирабель**

Перевод с французского: Михаил Хачатуров, Людмила Штандель
Вёрстка: Анна Нукалова
Редакторы: Александра Литвина
Консультант: Мария Шустова, ветеринарный врач
Корректор: Надежда Болотина

К 76 **КОШКИ в комиксах** — М.: Пешком в историю, 2024. — 48 с.: илл. — (Комиксы).

Добро пожаловать в мир кошек! Ну как, мир... Скорее, коттедж с приусадебным участком на окраине города. Но для трёх хвостатых питомцев, считающих уютный домик своим владением, — это целый мир! Встречайте:

- мудрый старик Мерлин, бывший уличный кот, любит поворчать;
- кошка Юзу — упитанная, ценит комфорт, отличное чувство юмора;
- новичок — рыжий комок энергии, любопытный котёнок Бристоль. Неопытный и наивный, он часто становится объектом для шуток или получает суровые уроки.

Такие разные, но такие похожие, потому что все они — кошки! И хозяевам придётся твёрдо усвоить: если не уделяешь кошкам достаточно внимания, кавардак обеспечен. Да в общем он обеспечен в любом случае! Кошки не дают никаких гарантий, кроме одной: скучно не будет!

*Для младшего и среднего школьного возраста.
В соответствии с Федеральным законом № 436
от 29 декабря 2010 г. маркируется знаком* (6+)

Изготовитель ИП Каширская Е. В.
Россия, 127051, г. Москва,
Б. Сухаревский пер., 6-39
Тел.: +7 (495) 787 05 30

ПЕШКОМ В ИСТОРИЮ ®
Подписано в печать 11.11.2023
Тираж: 2000 экз.
Заказ № В3К-04864-23.

Отпечатано в АО «Первая
Образцовая типография»
Филиал «Дом печати — ВЯТКА»
610033, г. Киров, ул. Московская,
122 Тел.: +7 (8332) 52 36 68

www.peshkombooks.ru
+7 (495) 787 05 30
мы в соцсетях @peshkombooks

ISBN 978-5-907471-94-8